Ralph Valenteano

Erinnerungen an *Jesus*

ISBN 978-3-8434-1019-9

Ralph Valenteano:	Umschlaggestaltung unter Verwendung von
Erinnerungen an Jesus	stockxpert 6227071: Murat Karaçay, Schirner
Copyright © 2011	Redaktion: Rudolf Garski, Schirner
Schirner Verlag, Darmstadt	Satz: Daniela Schirach, Schirner
	Bilder: siehe Seite 144
	Printed by: FINIDR, Czech Republic

www.schirner.com

1. Auflage 2011

Inhalt

Altes Testament

Und sie fragten ihn: »Bist du der Gott des Alten Testaments? Bist du der Gott Isaaks und Jakobs?«

Und er sprach: »Ich bin gekommen, den Weg zu weisen und das Gesetz zu erneuern. Darum blickt nicht zurück zu den alten Stätten, sondern fühlt, wie sich die Botschaft eines neuen Geistes in eure Herzen senkt.

Es geht nicht darum, sklavisch Gebote zu erfüllen, es geht darum, ihren Sinn zu verstehen. Es geht nicht darum, die blutverklebten Hände gen Himmel zu strecken und Gott zu preisen, weil ihr siegreich gegen eure Feinde wart. Es geht darum, zu erkennen, dass ihr keine Feinde habt.

Weder Götzenbilder noch prunkvolle Tempel werden euch Gottes Antlitz vor Augen führen; niemand wird vertrieben aus dem Garten der Liebe; niemand wird ausgespieen aus dem Land des Lichts. Milch und Honig wird für die fließen, die es verstehen. Das Paradies wird jenen gehören, die das Lied der Liebe singen.

Doch nur der, der reinen Herzens ist, wird die Schwelle überschreiten und Einlass finden. Denn er ist sich selbst der Schlüssel zur Tür. Keine Lippenbekenntnisse können den Wächter täuschen, denn er sieht nur, wo Liebe ist, wo die Liebe fehlt, sieht er nicht!

So glaubt nicht länger, es sei Gottes Wort, wenn euch einer sagt, ihr sollt euren Sohn steinigen, weil ihr seiner nicht Herr werdet. Glaubt nicht länger, es sei Gottes Wort, wenn euch einer sagt, ihr sollt die Ehebrecherin und ihren Geliebten steinigen. Denn Gott sieht in die Herzen und weiß, was geschah.

So lernt zu erkennen, wo Gottes Geist sich über euch ausgießt, und lernt, die Falschen herauszulesen unter all den Propheten. Die Sprache des Herzens spricht nie im Zorn. Dort, wo Worte im Zorn erklingen, ist die Liebe fern, ist Gott fern!«

*... ist die Liebe fern,
ist Gott fern!*

α & Ω

Alpha & Omega

Er ist die Idee vor der Idee, der Anfang vor dem Beginn. Seine Flügel breiten sich aus von einem Universum zum nächsten und er steigt mit ihnen hoch hinauf in die Himmel bis zum Thron des Höchsten.

Er war da, als der erste Stern geboren wurde und als die erste Sonne das erste Leben entstehen ließ. Er kam zu uns. In der ersten Stunde schwebte sein Geist über den Wassern. Er bereitete den Weg für die Liebe und er füllte den Kelch für die Weisheiten des Konfuzius.

Die Farben der Bhagavad Gita leuchteten durch seinen Glanz und er erleuchtete die Lehren des Brahmanen. Er begegnete Buddha unter dem Baum der Erkenntnis und die Inspiration aller Künstler fließt durch seine Hände.

Er lebt im Funken jedes Neubeginns und im Geist jeder Vergebung. Er öffnet die Rose mit den Strahlen der Sonne und lässt sie ihren Duft verströmen für die Paare, die im Taumel ihrer Liebe die Welt wahrnehmen, wie sie wirklich ist. Er wandelte unter uns als unser Lehrer und Freund.

Doch der Mensch erkennt Reichtum immer nur aus der Ferne und er braucht die Dunkelheit, um das Licht zu erkennen. Er erkennt nur durch Leid, welches Glück im beschieden war. Und nur in der Menge erkennt er den Weg. Doch Jesus war nicht Gefangener der Dualität, er war eins mit sich und allem um ihn herum.

Er war Befreier der Gegensätzlichkeiten, indem er uns zeigte, dass die Liebe die Unzulänglichkeit ihres Mangels freispricht; dass nur durch die Liebe alle Gesetze aufgehoben werden und der ewige Kreislauf von Schuld und Sühne seine Wirkung verliert.

Er sprach uns frei von Schuld an seinem Tod und beendete damit das ewige Spiel. Nie wurde eine größere Tat im Universum vollbracht. Der Widerhall dieses Geschehnisses schwingt noch heute bis in die höchsten Himmel und färbt die Sphären in leuchtendes Gold. Er ist das Alpha und das Omega.

Er ist das Alpha und das Omega.

Wie es ist

Er sprach nicht viel an jenem Abend, wirkte in sich gekehrt und still. Und die ruhige Art, mit der er uns sonst begegnete, wich dem Gefühl eines herannahenden Sturmes: irgendwie bedrohlich, und doch nicht wirklich fassbar.

Doch wenn man ihn ansprach, fing er sich sofort, und in seinen Augen leuchtete diese kraftvolle Flamme, die in der Lage war, ganze Felder von Lügen und falschen Propheten durch einen Blick niederzubrennen.

Und einer, Jakobus, fragte ihn: »Rabbi, was wird sein, wenn du nicht mehr unter uns weilst? Wie sollen wir deine Botschaft weitergeben? Die meisten von uns sind des Lesens und Schreibens nicht mächtig. Wer könnte mit der dir eigenen Kraft Reden halten in den Städten?«

Er blickte ihm fest und ruhig in die Augen und sprach: »Sorge dich nicht, Jakobus. Versucht nicht, sklavisch meine Botschaft in Worte zu zwingen. Ereifert euch nicht im Wettstreit darum, ›wie‹ ich etwas ausgedrückt habe! Geht hin und lasst eure Herzen sprechen, denn meine Worte stehen zwischen den Zeilen und in euren Herzen.

Es werden viele kommen und versuchen, es zu verstehen, und sie werden sich in Streit und Zwist wiederfinden. Sie werden sich an Wortklaubereien ergötzen und nicht für eine Sekunde das berühren, was in mir war.

Ich sage euch, erkennt das Wesen der Liebe, und ihr werdet mich finden in der Sanftheit eines Blickes und in der Geste einer helfenden Hand. Und mögen auch Tausende von Jahren vergehen, die Wahrheit wird so bleiben wie am ersten Tag.

Sie werden in meinem Namen in die Irre gehen. Sie werden missionieren, erzwingen, versklaven und brandschatzen. Sie werden den Namen Gottes lästern, indem sie ihre Schafe ausnutzen. Ihr Machtspiel wird sie verblenden, und viele werden ihnen in die Angst folgen. Doch kein Tropfen meines Blutes wird in ihren Kelchen sein, und nicht ein Krumen Brot meines Leibes wird in ihren Worten sein.

Wer Augen hat, der sehe, und wer Ohren hat, der höre. Die Liebe zwingt nicht, sie versteht. Und jeder, der glaubt, über seinen Nächsten Urteil sprechen zu müssen, weil dieser nicht den rechten Glauben lebe, der verleugnet Gott in dieser Tat. Denn Gott kennt den Weg in jedes Herz, und er hat die Geduld eines Weisen, dessen Schüler immer und immer wieder von Neuem beginnen muss, bis die Übung gelingt.

Die Nächstenliebe ist ein Schüssel zu den Geheimnissen Gottes, und Vergebung ist ihre Flamme. Wo etwas anderes herrscht als Vergebung und Nächstenliebe, werdet ihr mich nicht finden. Wer in meinem Namen droht, hat mich nicht verstanden. Wer in meinem Namen verurteilt, der hat mich nicht verstanden. Und wer in meinem Namen Angst verbreitet, der hat weniger verstanden als die Pharisäer, die sich selbst preisen für die Zahl ihrer guten Taten.

Auch wenn sie in riesigen Lettern meinen Namen an ihre Wände schreiben, so bleibt er nichts als eine leere Worthülse. Denn mich findet ihr nicht in den Schriftrollen der Gelehrten. Ich bin nicht gefangen in der Sprache eines Volkes. Ich bin frei, und ihr findet mich immer zwischen den Zeilen eures Herzens und im Wesen jeder Tat, die ihr in Liebe tut.

Was zu verkünden ist, das verkündet in Freiheit! Und lasst einem jeden die Freiheit, zu entdecken, wer ich wirklich war.

Und lasst einem jeden die Freiheit,
zu entdecken, wer ich wirklich war.

Auferstehung
Auferstehung

Ob er wirklich auferstanden ist, wollt ihr wissen? Das ist für mich heute so wichtig wie die Frage, ob mein schönster Tag auch ein Sonntag war.

Ja, ich sah ihn nach seinem Tode, und er war lebendig wie du und ich heute. Aber die Menschheit baut 2000 Jahre nach seinem Tod immer noch auf solche Nichtigkeiten. Ob er für meine oder deine Sünden gestorben ist – ist das wirklich entscheidend? Für mich ist es nicht wichtig, ob er für mich gestorben ist, denn ich weiß, dass er für mich gelebt hat.

Seine Lehre liegt mir am Herzen, sein Botschaft, die die Menschen befreien will und kann, wenn sie nicht von machthungrigen Fanatikern in ihr Gegenteil verkehrt wird. Ich sehe und höre so viele unter uns von ihm sprechen und gleichzeitig mit den Strafen Gottes drohen, sodass ich mich frage: »Habt ihr ihn verstanden?« Wer heute noch mit den Worten der alten Gesetze droht, hat ihn nicht verstanden. Denn er kam, sie zu erneuern. Wer heute noch Menschen ausgrenzt, weil sie Jesus nicht akzeptieren oder einen anderen Glauben leben, hat ihn nicht verstanden.

Wer heute noch auf ein Strafgericht wartet, wird es noch in tausend Jahren tun, denn nur ein schlechter Lehrer muss strafen, ein guter lehrt.

Er wird nicht über uns kommen wie die dunkelste Nacht mit Blut, Feuer und Rauch. Bedenkt, dass er die Liebe war. Die Liebe braucht keine Verbündeten, weil sie sich selbst genügt. Sie schöpft ihre Kraft aus sich selbst. Alle Worte, die Strafe verkünden, stammen nicht aus der Liebe, verkünden nicht seine Lehre.

Bedenkt, dass er kam, uns zu befreien, uns zu helfen, erwachsen im Geiste zu werden, mündig im Sinne der Eigenverantwortung. Es sind nun 2000 Jahre vergangen. Ich bin wieder hier, und ihr seid es auch. Wir alle kommen so lange immer wieder, bis wir es verstanden haben – und er lässt uns diese Zeit. Aber kennt ihr die Menschen? Wisst ihr, wie sie sind? Dann wisst ihr auch um die Gefahr, die in ihnen lauert, die Gefahr, die immer einen Größeren braucht, um sich an ihn anzulehnen. Das schafft Abhängigkeit – nicht Freiheit.

Doch jeder hatte ein anderes Bild von ihm, schon damals. Paulus zum Beispiel hatte ein ganz anderes Bild von ihm als ich. Und obwohl ich Paulus liebte ob seiner glühenden Leidenschaft und Überzeugungskraft, wusste ich doch schon damals, dass er vieles bewirken wird, was mein Bild von Jesus nicht widerspiegelt. Und ich glaube, ihr wisst, was mündliche Überlieferungen mit den Großtaten eines Menschen anstellen können.

Und dann kamen die Kirchenfürsten mit ihren Konzilen und ihren Entscheidungen darüber, welche der Überlieferungen denn nun dem Glauben entsprächen und welche nicht. Und wahrlich, ich sage euch, wer Menschen verbrennt, weil sie Dinge tun, die er nicht versteht, hat Jesus Christus nicht verstanden. Wo steht geschrieben »Du sollst töten im Namen Gottes!«? Wo steht geschrieben »Du sollst deinen Nächsten richten!«? Manchmal denke ich, sie hören ihm nicht einmal zu.

Ihm, der mit seinem sanften Blick Mauern einreißen konnte, der durch die Kraft seiner Überzeugung Menschenherzen mit einem Wort für immer verändern und dem Schlund des Irrglaubens entreißen konnte.

Alle, die heute glauben, dass nur die, die seinen Namen rufen, errettet werden, werden überrascht sein: Denn der König der Liebe rettet alle. So wie er schon immer alle gerettet hat. Vor ihm waren alle gleich, und niemand war es mehr oder weniger wert, gerettet zu werden. Jeder Glaube, der trennt, ist nicht in ihm. Jeder Gedanke, der straft, ist nicht in ihm. Tausende Lieder und Lobpreisungen werden zu Lippenbekenntnissen, wenn eure Taten den Nächsten nicht in Liebe aufnehmen. Wenn ihr sie nutzt, auch nur einen einzigen auszugrenzen oder zum Glauben zu zwingen, dann habt ihr Jesus nicht verstanden. Die Mission gehört allein ihm, und er findet einen Weg in ein jedes Menschenherz, wenn die Zeit reif ist. Denn er ist der Menschensohn.

Also wartet nicht auf ein gerechtes Gericht, denn das Gericht Gottes vollzieht sich schon im Leben. Doch jede Tat, die ein Mensch vollbringt, findet ihren Weg zu ihm zurück – gute wie schlechte Taten. Damit wir am eigenen Leib spüren und erkennen können, wie sich das Leid, das wir verursacht haben, anfühlt, wird sich sein Urteil vollstrecken. Doch das Maß des Urteils spricht der Mensch selbst über sich, eben durch seine Taten.

Nicht um zu bestrafen, sondern damit wir lernen zu verstehen. Das ist wahrlich ein göttliches Gesetz, und es ist mitten unter uns, schon jetzt. Denn er war immer da und wird es immer sein.

Und glaubt mir, dem Menschenfischer entgeht nicht ein einziger Fisch. Wenn es sein Wille ist, so versammelt sich der Inhalt aller Meere in seinem Netz, und er trägt ihn heim. Wie könnt ihr nur glauben, er brauchte auch nur einen einzigen von euch, sich zu verkündigen. Aber sogar die, die mit bestem Gewissen falsch Zeugnis über ihn reden, lässt er gewähren, denn er weiß, sie handeln so, wie es ihr momentaner Bewusstheitsgrad zulässt. Irgendwann werden auch sie verstehen und umkehren, und die guten Taten, die sie dann vollbringen, werden wahrhaft von ihm künden.

Also lasst uns nicht länger darüber streiten, ob er für unsere Sünden gestorben ist oder ob er dies und das so oder so gesagt hat. Lasst uns nicht länger auf ihn warten, sondern erkennen, dass er schon lange wieder da ist, ja, dass er nie wirklich weg war. Er lebt mitten unter uns durch uns und durch die Liebe, die wir imstande sind, einander zu geben. Denn darin liegt seine Auferstehung.

Denn darin liegt

seine Auferstehung.

Auge um Auge

»Herr, sieh her, Malachias der Tischler hat im Streit mit einem römischen Legionär ein Ohr verloren. In den Schriften steht geschrieben: ›Auge um Auge, Zahn um Zahn.‹ Er hat also nun das Recht, sich an ihm zu rächen!«

»Ja, er soll ihn töten!«, rief die aufgebrachte Menge. Und Jesus erhob seine Stimme mit der Ruhe, die den Sturm ankündigt; leise, jedoch mit der Gewissheit einer Kraft, die mit bloßen Silben Tempel niederreißt. »»Auge um Auge‹ ist kein Gleichnis für diejenigen, die Rache ausüben wollen. Es ist ein Gleichnis für jene, die Schuld auf sich geladen haben.

Wahrlich, ich sage euch, die Liebe hat nur eine Stimme, und diese ist klar und deutlich. Im ganzen Universum gibt es nur zwei Urkräfte, die Liebe und die Angst. Die Angst braucht viele Freunde, um stark zu sein. Sie braucht die Aggression, die Wut, den Hass, die Verzweiflung, die Verletzung, die Rechtfertigung, die Verblendung und viele mehr. Die Liebe braucht nur sich selbst, denn sie ist stärker als die Angst. Einfach weil sie ist, wie sie ist. Das ist der Schlüssel für euch, um zu erkennen, ob eine Tat, ein Gesetz oder ein Gebot von Gott kommt oder nicht. Denn alles, was der Liebe fern ist, das ist auch Gott fern.

Man kann nicht sagen, der Schatten sei das Licht, denn obwohl es kein Licht ohne Schatten gibt, sind sie doch im Wesen grundverschieden. Und das Licht kann euch aus der

Dunkelheit führen, der Schatten aber kann es nicht. So führt die Liebe euch ins Paradies, die Angst aber vermag es nicht. Es gibt keinen geheiligten Krieg, es gibt keine Waffe, die ihr im Namen der Liebe zücken könntet. Die Liebe vergibt, denn sie weiß um die wahren Hintergründe. Sie versteht auch die Verzweiflung derer, die uns verletzen. Und wenn sie geschlagen wird, so hält sie auch die andere Wange hin, weil sie weiß, dass die Angst blind ist und es ihr leichtfällt, Menschenherzen zu verblenden.

Es geht um Vergebung. Vergebung ist die Flamme der Liebe, sie leuchtet denen, die sie suchen, und sie verbrennt den Unrat zwischen euren Herzen. ›Auge um Auge, Zahn um Zahn‹ ist also kein Freibrief für verblendete Rachsüchtige. Es bedeutet vielmehr, dass sich der an euch schuldig macht, der euch Schaden und Leid zufügt, und dass er euch diese Schuld in der zugefügten Höhe zurückzahlen wird. Und wenn nicht in diesem Leben, dann im nächsten.

Ihr aber sollt euch keine neue Schuld aufladen. Ihr sollt den Kreis von Schuld und Sühne durchbrechen, indem ihr euch übt in der größten Tat, die ein Mensch vollbringen kann … in Vergebung!«

… in Vergebung!

Bartholomäus

Bartholomäus

Bartholomäus, ein reicher Geschäftsmann aus Kana, kam eines Tages verzweifelt zu ihm. Er sagte: »Jesus, ich habe die kostbarste Perle meines Palastes verloren. Nun hat mir die Sekunde 24 Stunden und die Nächte wiegen für mich doppelt schwer. Ich habe ihr den Himmel zu Füßen gelegt. Ich habe mit der Nacht gerungen, ihr die kostbarsten Worte zu entreißen, um sie der Geliebten am Morgen zu Füßen zu legen. Ihre unausgesprochenen Wünsche habe ich ihr von den Augen abgelesen, und verlangte es ihr nach kostbarem Geschmeide, so schenkte ich ihr ein ganzes Königreich. Doch sie hat mich verlassen. Nun werden meine Tage finstere Nächte sein, weil mir meine Sonne genommen ist. Und so erging es mir mit all denen, die ich liebte.«

Jesus sah in lange an und sprach: »Bartholomäus, sieh dir selbst zu, sieh genau hin! Was tust du? Du füllst ein Meer in einen Wasserkrug. Du nimmst ihnen die Luft zum Atmen, aus Angst sie zu verlieren. Du denkst, wenn du sie mit Schätzen überhäufst, strahlt der Glanz all der Kostbarkeiten ein wenig auf dich selbst zurück. Weil du glaubst, ihnen nur so genügen zu können. Doch die Liebe, Bartholomäus, lässt sich nicht kaufen, sie lässt sich nicht blenden und nicht besitzen.

Lerne, dich selbst zu lieben. Erkenne dich, verschenke die Schätze, die in dir sind, und du wirst mit jedem Tag reicher. Werde dir deiner selbst bewusst, und du wirst sehen, dass sie dich endlich erkennen können. Erlaube ihnen, dich so zu lieben, wie du bist, und blende sie nicht länger mit Silber und Gold.«

Erlaube ihnen,
dich so zu lieben,
wie du bist ...

Die Göttin der Illusion

Wir unterhielten uns eines Tage über die Illusion des Geistes, wie sehr wir Menschen uns doch Dinge einreden können oder diesen Illusionen regelrecht verfallen können. Jesus tunkte gedankenverloren sein Brot in eine der köstlichen Soßen, die uns die Wirtin aufgetischt hatte, dann hob er seinen Becher gefüllt mit bestem Wein und sprach:

»Es war einmal ein weiser Edelmann, der liebte einst eine Frau, deren Lachen war so hell und deren Schönheit so groß, dass es ihm den Atem nahm, sie anzusehen. Und er konnte nicht aufhören, ihre Schönheit zu preisen. So berauscht und fasziniert war er von ihrem Glanz.

Doch sie kam über ihn wie ein Wirbelsturm in der Nacht und entriss ihm ein Stück seines Herzens. Sie tat dies so schell und geschickt, dass sie schon wieder aus seinem Leben verschwunden war, noch bevor er die Augen einmal schließen und wieder öffnen konnte.
Von da an suchte er diese Frau überall. In den Gesichtern der anderen Frauen, in den Liedern, die er hörte, in den Geschichten die er las, in den Straßen jeder Stadt und im Prasseln des Regens, der ihm von ihr erzählte.

Er hörte nie auf, nach ihr zu suchen – weder am Tage noch in der Nacht, auch nicht in seinen Träumen. Und jedes Mal, wenn er von ihr sprach, wuchs ihre Schönheit noch an. So vergingen die Jahre, viele Jahre.

Schließlich traf er sie eines Tages auf einem Marktplatz in Byzanz wieder. Er sah sie an, und sie war noch immer wunderschön.

Sie kam auf ihn zu. Und er sagte zu ihr: ›Es ist schön, dich wiederzusehen … doch du bist nicht die, die ich suche.‹«

… doch du bist nicht die, die ich suche.

Die Momente des Lebens

Die Momente des Lebens

Das ist es, was man ein
erfülltes Leben nennt.

Sie baten ihn: »Herr, sprich zu uns über die Zeit.« Und er sprach zu ihnen: »Zeit ist ohne Maß. Die Zeit ist für euch ein Dieb, sie stiehlt euch jeden Moment. So müsst ihr wissen, dass jeder Gedanke, der euch zu lange in der Vergangenheit verweilen lässt oder euch in die Zukunft trägt, euch ebenfalls bestiehlt.

Die Zukunft zeigt sich euch in fremdem Gewand, doch niemals so, wie ihr sie erleben werdet, denn sie kann sich euch nur als Gegenwart offenbaren. Daher lernt, nicht zu viele Gedanken an die Zukunft zu verschwenden, sonst lebt ihr weder in der Gegenwart noch in der Zukunft.

Das ist es, was Gott meint, wenn er sagt: ›Lebt jeden Tag so, als wenn es euer letzter wäre.‹ Jeder Moment eures Lebens ist kostbar, kostbar wie eine seltene Perle, wenn ihr lernt, ihn zu etwas Besonderen zu machen. Und er ist stumpf wie eine Lehmkugel, wenn ihr es nicht tut.

Also versucht, jeden Moment eures Leben so erfüllt und kostbar zu gestalten, wie es euch möglich ist. Dann werdet ihr am Ende eures Lebens auf jeden Moment zurückblicken und die Momente so aneinanderreihen können wie die Perlen einer kostbaren Kette. Das ist es, was man ein erfülltes Leben nennt.«

Der heilige Fluss

Wer weiß, dass er suchen muss,
hat das Wesentliche schon gefunden!

Er sprach gern von einem Fluss in einem fernen Land, von dem er oft träumte. Dieser Fluss trocknet ungeweinte Tränen. Und in seinem Glanz spiegelt sich deine innere Wahrheit in zwei Gesichtern wider. In dem, das du bist, und in dem, wie Gott dich sieht. Somit muss niemand Angst haben, im Fluss sein Antlitz zu sehen, denn er erblickt dort Trost im Bild seiner eigenen Vollkommenheit.

Viele Menschen finden ihren Weg dorthin, und ihre Augen erfreuen sich an den schönsten Farben, die sie je gesehen haben. Viele kommen, um sich dort zu waschen, und er säubert sie äußerlich, doch vermag er auch, bis in die Tiefen ihrer Seele zu fließen und diese zu reinigen. Alles leuchtet orange, gelb und golden im Schein der Sonne, und der Fluss heiligt jedes Herz, das sich über ihn auszuschütten vermag.

Ich fragte ihn: »Was kann ich tun, um diesen Fluss zu finden, um seine Schönheit zu sehen und seine Heiligkeit in mich aufzunehmen?«

Und er sprach: »Du wirst ihn eines Tages finden, in dir! Doch es ist nicht schlimm, dass du ihn noch nicht entdeckt hast. Wer weiß, dass er suchen muss, hat das Wesentliche schon gefunden!«

Der Skeptiker

Ich glaube nur,
was ich sehe.

$\mathcal{I}$n den Abendstunden eines Donnerstags im August trafen wir auf einen Fremden, den alle im Dorf nur »den Skeptiker« nannten. Er hatte einen schwierigen Charakter, und viele mieden ihn, weil er nur für wenige ein paar gute Worte übrig hatte.

Er kam auf uns zu, so als ob er schon eine Weile auf uns gewartet hätte, und kurz bevor er uns erreichte, begann er loszupoltern: »Rabbi, du glaubst, es gibt einen Gott und dass du sein Sohn bist?«

Jesus lächelte ihn milde an und fragte zurück: »Skeptiker, glaubst du an die Liebe?« Der Skeptiker entgegnete mit einer abwertenden Geste: »Ich glaube nur, was ich sehe. Ich kann hier keinen Gott sehen!«

Darauf fragte Jesus ihn: »Skeptiker, liebst du deine Frau und deine Kinder?« Der Skeptiker rief aufgebracht: »Ich liebe meine Frau und meine Kinder mehr als es Sterne am Himmel gibt! Ich würde alles für sie tun, so sehr liebe ich sie!« Jesus sah ihn mit einem provozierenden Lächeln an und sagte: »Skeptiker, ich kann hier deine Liebe nicht sehen!«

Die Seele der Natur

Schützt die Seele der Natur,
denn so schützt ihr euch selbst.

Auf unseren Reisen legten wir viele Kilometer zu Fuß zurück, saßen an vielen Abenden beisammen, im Einklang mit der Natur, ihren Stimmen lauschend, ihr Farbenspiel genießend. Man konnte es förmlich fassen, wie sehr er diese Momente liebte, wie sehr er mit der Natur eins war.

Und so sprach er zu uns: »Schützt die Seele der Natur, denn durch sie erhaltet ihr das Geschenk des Lebens. Schützt die Erde, denn ein Teil von euch ist Erde und wird wieder Erde sein. Schützt die Seele des Wassers, denn ein Teil von euch ist Wasser. Schützt die Seele der Natur, denn so schützt ihr euch selbst.«

In den Herzen

Und sie fragten ihn: »Jeshua, wo bist du gewesen all die Jahre? Es ranken sich Geschichten um dich, du würdest ferne Länder kennen und fremde heilige Männer hätten dich unterwiesen. Erzähl uns von den Ländern, in denen du warst. Gibt es dort andere Götter? Beten sie dort den falschen Gott an?«

Er lächelte nur milde und schwieg. Nach einer Weile stand er auf und sagte zu ihnen: »Es gibt überall auf der Welt Gutes und Böses, doch gibt es nur eine Wahrheit und das Getrenntsein von ihr.

Es gibt die Liebe, und es gibt den Hass, doch für alle gibt es nur eine Sonne, und in ihrem Strahlen erwachen die Planeten. Und so, wie sie für jedes Lebewesen scheint, so scheint Gott auf jeden Einzelnen von euch. Es ist Gott, den ihr erkennen müsst in euren Herzen, dann versteht ihr, dass das Herz des Glaubens eins ist.

Es gab andere, die vor mir waren, und es werden noch andere kommen, und unter ihnen werden welche sein, die erst sich selbst und dann euch verblenden werden, wenn ihr nicht gelernt habt, mit euren Herzen zu sehen.

Es gibt keinen Glauben, der besser ist als ein anderer. Es gibt nur Gott und eure Wege zu ihm. Tut, was immer ihr tun wollt, mit der Freude eines Kindes, doch verletzt niemand anderen dabei. Die Stimme Gottes spricht in allen Sprachen zu euch und zu eurem Nachbarn und zu den Tieren, zu den Bäumen und Feldern und dem Wind.

Doch nur in euren Gefühlen werdet ihr ihn hören können und verstehen: Das Ewige spricht zu uns durch die Herzen.«

Das Ewige spricht zu uns durch die Herzen.

»Ich liebe dich!«
»Ich liebe dich!«

Du suchst dich
in den Herzen anderer ...

Ein Mann stand auf dem Markt und bot Datteln feil. Er war auffällig wohlhabend gekleidet, und es schien ihm an nichts zu mangeln. Dennoch blieb Jesus bei ihm stehen und sprach ihn an. »Du bist beladen, Johannes! Melancholie verdunkelt dir die Sterne!«

Der Mann blickte Jesus an und sprach: »Wir kennen uns nicht, Rabbi, dennoch siehst du mir ins Herz. Wer bist du?« Und Jesus sprach: »Wer ich bin, Johannes, ist nicht wichtig. In deinem Leben ist wichtig, dass du erkennst, wer du bist.

Du suchst dich in den Herzen anderer, du suchst dich in der Liebe, die du nicht finden kannst. Du suchst dich in den Geschenken, die du anderen machst. Du suchst dich in den Freuden ihrer Feste und im Klang ihrer Lieder und fühlst dich doch immer wie ein Fremder unter ihnen. Du gehst zu ihren Versammlungen, nur um dir deiner Einsamkeit bewusst zu werden.

Gehe hinunter zum See. Warte, bis niemand sonst mehr dort weilt und die Oberfläche des Sees ganz ruhig ist. Dann sieh in ihn hinein wie in einen Spiegel und sage: ›Ich liebe dich!‹«

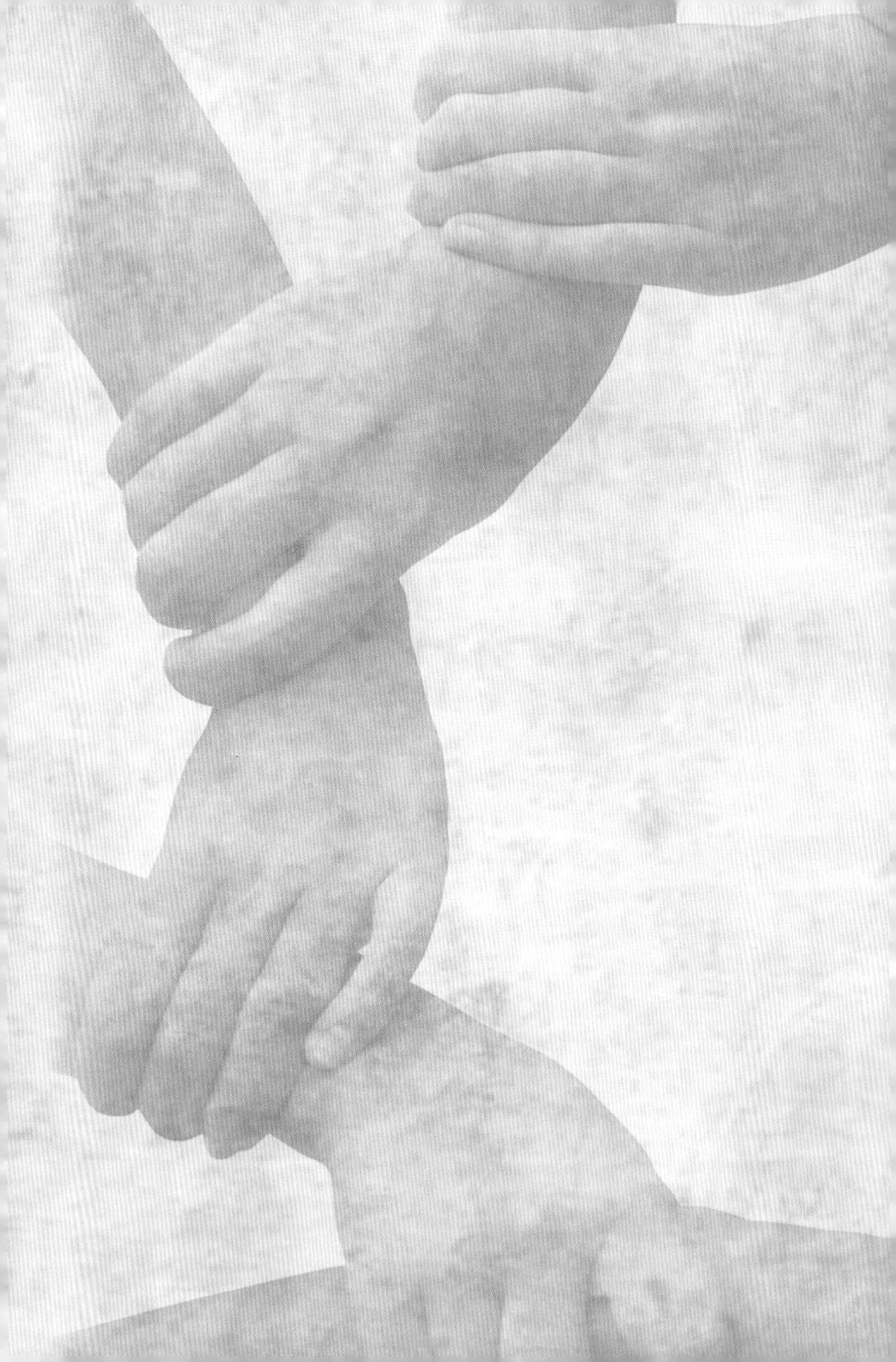

Im Kreis

Und so finden wir uns alle wieder im ewigen Kreis. Viele von uns im Trunke des Vergessens versunken, manche von uns suchend, fühlend, dass es da etwas gab, das sie an ein »Vorher« erinnerte, und wenige von uns wissend, dass es tatsächlich war.

Doch man findet sie alle wieder: Den Judas, dessen Lebenssuche ihn bis zur Selbstaufgabe zwingt, der sich zerfleischt, sofern er niemand anderen findet, dem er seine sich selbst aufgeladene Last aufbürden kann.

Den Petrus, der sich ereifert in Auslegungen deiner Schriften und Gebote, der sich in den Stricken seiner selbst gelegten Fallen verheddert, der für dich sterben würde und dich am Ende doch wieder verleugnen wird.

Maria Magdalena, die Lieblichste der Schönen, die mit ihrer Sanftheit auch heute noch das Herz eines jeden Mannes so sehr berührt, dass der Spiegel jeder Selbstlüge in 1000 Teile zerspringt und er sich und der Welt offenbaren muss, wie er wirklich fühlt. Deshalb ist sie für viele ihres Geschlechts noch immer ein Dorn im Auge, denn sie offenbart, dass Neid jede Seele zerfrisst und auch, dass man niemandes Herz besitzen kann. Man kann es nur lieben. So trägt sie ihr süßes Geheimnis mit sich für alle, die nach der wahren Liebe suchen, bis zum Tage deiner Wiederkunft.

Und Johannes, der schönste deiner Jünger, der heute von vielen seinesgleichen geliebt und von den anderen verfolgt wird. Er nimmt viel Last auf sich, um die Verfolgten zu befreien, er geht bis tief in die Höhlen der Kleingeistigen und bietet ihnen die Stirn. Er ist Streiter auf dem Weg der Befreiung, ihnen zu zeigen, dass Liebe immer Liebe ist. Von Mann zu Frau, von Frau zu Frau und von Mann zu Mann. Wer sind sie schon, zu bestimmen, was Liebe sein darf? Ein törichter Haufen Blinder, die versuchen, der Sonne zu befehlen, auf wen sie scheinen dürfe und auf wen nicht.

Auch Pontius Pilatus ist wieder hier. Immer noch sitzt er in den Sesseln der Macht und wäscht seine Hände in Unschuld. Er blickt auf das Leid unserer Zeit, sich unfähig findend, etwas daran zu verändern. Denn er bangt um seinen Platz als Statthalter der Welt, und er scheut alle Risiken, die sein kleines Königreich gefährden. So lässt er Leid und Hunger geschehen, und sein gehetzter Blick reicht nur von hier bis zur nächsten Schale reinigendes Wasser.

Und auch jene sind wieder hier, die deine Jünger waren. Die dich liebten und deren Ängste sie doch fortbrachten von dir. So schauen sie nunmehr aus der Ferne auf dein Land, fühlen sich einsam und verlassen.

Ihre Tage sind Klagelieder und ihre Nächte sind Stoßgebete an dich, du mögest ihnen das verzeihen, was du ihnen nie angelastet hast.

Sie verbergen sich hinter dicken Mauern und kasteien sich und ihre Seelen so lange, bis auch der letzte Funke Freude aus ihren Gesichtern gewichen ist. Ihr Trunk schmeckt bitter, und sie versuchen, ihn an jene weiterzugeben, die dir folgen wollen.

Die Törichten, wenn sie wüssten, wie schön und wie gerne du lachst, wie viel Freude in deinem Herzen und in deinen Worten liegt. Sie schmecken nichts von all den süßen Früchten, die deine Liebe mir offenbart hat.

Und auch Maria, die liebliche, sanfte Mutter lebt weiter im Herzen jeder Mutter, die diese Erde betritt. Und sie gibt ihnen, was sie immer gab: ein Herz voll von Liebe und den Mut einer Löwin, die die schwere Bürde einer sorgenden Seele tapfer erträgt. Sie wurde für viele zur »Göttin mit dem Sohn im Arme«. Sie wurde zu einer Göttin, die sie nie sein wollte. Und ihre Bescheidenheit krönt sie dafür. So erlangte sie die Macht, jedem ein Licht zu sein auf dem Weg durch die Nacht bis zum Morgen einer neuen Zeit.

So sind wir alle wieder hier, und wir werden noch viele Male wiederkommen, denn das ist der Kreis, in dem wir uns so lange befinden, bis wir die Kraft und die Weisheit erlangen, ihn zu durchbrechen.

Und wenn du dich fragst: »War ich wirklich dabei?«, so setze dich in einer stillen Minute ans Licht einer Kerze und bete. Wenn du Fragen hast an den, der nur einmal hier auf Erden war, so tauche nicht ein in das Meer voller Schriften, die dir alle Gegensätzliches zu beweisen suchen.

Folge vielmehr einem Rat, den ich einmal von einem Weisen bekam. Er sagte: »Ich sehe, du trägst viele Fragen über Jesus in dir. Warum fragst du ihn nicht selbst? Denn er ist bei uns von nun an alle Tage. Amen!«

Im Kreis

... tun sollten. — Petrus aber und Jo=
hannes gingen zusammen ... in
den Tempel um die ... des
Gebets, die neunte. ... ein
gewisser Mann, der von ... sei=
ner Mutter Leibe an lahm war ...
wurde getragen, welchen sie täg=
lich an die Pforte des Tempels
setzten, die man die schöne nennt,
um Almosen zu erbitten von de=
nen, die in den Tempel gingen.
Als dieser Petrus und Johan=
nes sah, wie sie in den Tempel
eintreten wollten, bat er, daß
er ein Almosen empfinge. Pe=
trus aber blickte unverwandt
mit Johannes auf ihn hin ...

Zwischen den Zeilen

Sie fragen mich: »Wie kannst du so von ihm reden? Du sprichst gegen die Schriften, als würdest du ihn besser kennen als jene, die sie niederschrieben.«

Ich sprach: »Sind die Schriften eines Mannes, der eine Tat niederschreibt, die 50 Jahre vor seiner Zeit geschah, wahrhaftiger als jene, die einer niederschreibt, die 100 Jahre vor seiner Zeit geschah? Oder 200 oder 2000 Jahre? Nicht einer von ihnen war dabei, nicht einer hat ihn wirklich berührt, hat am Saum seines Gewandes gesessen und ihm die Füße gesalbt. Ich aber habe ihn berührt.

Ihr glaubt es nicht? Ja, ihr glaubt auch nicht an die Wiedergeburt und den Kreislauf des Lebens. Obwohl ihr ihm jeden Tag begegnet, glaubt ihr es nicht. Ihr glaubt in der Nacht nicht an den neuen Tag und im Winter nicht daran, den nächsten Sommer zu erleben. Ihr erkennt die Zeichen nicht, wenn ihr sie seht. Nicht in der Rinde eines Baumes und nicht in den Gezeiten, die der Mond erzeugt. Ihr seht in der Raupe nicht den Schmetterling und im Kinde nicht den fertigen Menschen, weil es euch an Glauben mangelt.

Mein Glaube gehört mir, und es ist an jedem selbst, zu prüfen und zu spüren, was daran wahrhaftig ist und was nicht. Ich war auf der Suche und fand mich verwirrt in einem Chaos von gegensätzlichen Aussagen, fand Korruption und Fälscherei. Wie ein Blinder taumelte ich durch eine Wüste, die ihr hinterlassssen hattet und die viele den Glauben kostete. So viele Seelen wandern ohne Schutz wohl wissend, dass es ihn gibt, doch ohne Vertrauen in jene, die sich seinen Namen auf die Fahnen geschrieben haben. Ich weiss heute, dass nicht eine der Schriften wahrhaftiger ist als das, was aus meinem Herzen als Erinnerung an ihn zu Papier kommt.

Mögt ihr mich einen Ketzer nennen, mögt ihr schreien und wild gestikulieren ob meines Frevels. Spreche ich falsch Zeugnis, möge er mich richten, nicht ihr.

Und steht nicht geschrieben: ›In späterer Zeit will ich meinen Geist ausgießen über alles Fleisch, und eure Söhne und Töchter sollen weissagen, eure Alten sollen Träume haben und eure Jünglinge sollen Gesichte sehen. Auch will ich zur selben Zeit über Knechte und Mägde meinen Geist ausgießen.‹? Steht nicht geschrieben: ›Seine Söhne werden sich erheben, seine Brüder und Schwestern werden seine Stimme neu vernehmen und es wird der heilige Geist die Menschen bereit machen für die neue Zeit.‹?

Auf dass die Falschheit endgültig besiegt werde. Auf dass es keine Schlupfwinkel mehr gebe für jene Wortverdreher, die im Namen der Liebe Speere schmieden.

Auf dass sie ihre Schwerter zu Pflugscharen und ihre Spieße zu Sicheln machten. Auf dass kein Volk wider das andere das Schwert erhebe, und sie hinfort nicht mehr danach strebten, Kriege zu führen.

Doch ihr habt Angst, einer könnte sich erheben, um Größeres zu vollbringen als er. Vollbringt einer Wunder, so machen ihn die Jahrhunderte zum Gott. Doch schickt sich ein anderer an, es ihm gleichzutun, so werft ihr ihn in den Kerker und zerbrecht ihm die Flügel, auf dass er sich nie wieder anmaßen möge, sich zu erheben, um Großes zu vollbringen. Und Ihr würdet den Nazarener auch heute wieder verleumden, anklagen und kreuzigen.

Denn es fehlt euch der Glaube. Und wem sollte ich mehr glauben als meinem Herzen? Euch und eurem Glauben? Oder jenen, die seine Worte veränderten und manipulierten? Oder jenen, die übersetzten, und den nächsten Übersetzern, die die Übersetzung wiederum übersetzten? Wo doch jeder weiß, dass jede Übersetzung verwässert und wie die salzige See ein bisschen vom Fels der Ur-Wahrheit abträgt.

Auf wessen Wort sollte ich schwören? Wahrlich, ich sage euch, mein Wort gilt so viel wie das eure, denn ich erkenne die Lüge, wenn ich sie höre. Und auch ich wurde in die Irre geschickt, aus der ich nun gestärkt hervorgegangen bin.

Weil er mich führte durchs finstere Tal, weil seine Liebe leuchtet wie der Abendstern und weil er nicht in euren Wortklaubereien zu finden ist. Nein, man findet ihn nur dort, wo ihr ihn niemals sucht … zwischen den Zeilen.«

Nein, man findet ihn nur dort,

wo ihr ihn niemals sucht ...

zwischen den Zeilen.

In einer neuen Zeit
In einer neuen Zeit

Und wir werden

uns wiedersehen ...

Es gab einen kleinen Kreis von Jüngern, die um ihn waren, mit denen er anders sprach als mit den anderen. So, als ob diese in einer anderen Tonart gestimmte Instrumente wären und er auf ihnen Lieder spielte, die für die Ohren der Menschen jener Zeit noch zu fremdartig waren, um sie singen zu wollen, und zu andersartig, um ihnen lauschen zu können.

Und ich hörte einen von ihnen fragen: »Was wird aus dem Menschen, wenn er stirbt? Was geschieht mit uns, Rabbi? Werden wir uns nie mehr wiedersehen, nie wieder miteinander Feste feiern, lachen und singen?«

Er blickte mit einem Lächeln in die Runde und sprach: »Seht her, ich habe hier in meiner Hand den feinen Staub der Wüste, und er rinnt mir so vertraut durch die Hände. Doch von wo stammt er?«

Er machte eine zum Himmel deutende Geste und fuhr fort: »Von dort oben, von den Sternen! Dort liegt die Wiege der Menschen! Aus Sternenstaub ist der Körper gemacht, und zu Sternenstaub kehrt er zurück. Doch die Seele ist unsterblich – immerdar. Sie wandert durch die Zeiten auf der Suche nach Vervollkommnung. Und mit jedem Schritt nach vorn macht sie einen Schritt auf Gott zu – wird Gott gleicher. Wahrlich, ich sage euch: Nichts geht verloren im Universum. Und wir werden uns wiedersehen in neuem Glanz in einer neuen Zeit.«

Jesus

Jesus

Er war wie ein junger Zweig, den man nicht brechen konnte, und in seinem Blick lag die Klarheit eines Bergsees, auf dessen Oberfläche sich am Morgen die ersten Strahlen der Sonne sowie der gesamte Himmel widerspiegeln.

Er war die Inkarnation der Liebe auf dieser Erde, und man konnte ihn, wenn er den Raum betrat, so deutlich fühlen, als würde er alle Dinge, die er auf seinem Weg berührte, segnen – auch die flüchtigen.

Er musste nicht, wie sie behaupteten, die Söldner und Geldwechsler aus dem Tempel jagen. Nein, so war er nicht. Welcher Gott wäre das, der mit der Verzweiflung einer allzu menschlichen Gebärde Menschen im Zorn tadelte? Menschen, die offensichtlich noch einen langen Weg vor sich hatten, um den Kern der Dinge zu verstehen.

Das hätte über ihn Zeugnis abgelegt von Mangel und Begrenzung, denn Gewalt ist immer Ausdruck von Begrenzung. Nein, er war der Menschenfreund, er liebte die Menschen mit all ihren Fehlern. Er sagte zu mir: »Der einzige Tempel, den es zu bauen lohnt, ist der in euren Herzen!« Er sprach auch davon, dass seines Vaters Königreich nicht von dieser Welt sei. Wozu also sollte er sie aus dem Tempel gejagt haben? Nein, so war er nicht.

Es lag vielmehr in der Art, wie er dich ansah, in der Weisheit seiner Worte und in der Sanftheit seiner Gesten, die dir zu verstehen gaben, dass hier etwas Besonders vor sich ging, dass du das Glück hattest, dabei gewesen zu sein, als das Wort zu Fleisch wurde und wie ein goldener Strahl auf den staubigen Straßen Jerusalems wandelte.

Er predigte nicht, er erklärte. Er zwang nicht, er überzeugte. Nicht durch Druck, nein, durch Gewissheit. Er nahm sich die Zeit, einer Katze, die, während er sprach, freudig seinen Weg kreuzte, über den Kopf zu streicheln, während die anderen förmlich an seinen Lippen klebten, um noch mehr von seiner Wahrheit in sich aufzusaugen. Denn er verstand die Bedürfnisse aller Lebewesen.

Es schmerzt, zu sehen, wie viele heute versuchen, ihn vor ihren Kriegskarren zu spannen, oder ihn zum Aufrührer erklären wollen, denn so war er nie.

Wie hätte er auch können? Wenn man sich über die wahre Größe der Liebe, die er war, im Klaren ist, so weiß man, dass sie über allem steht – einfach so! Sie ist die erhabenste Kraft im Universum, sie lässt alle Dinge sein, wie sie wollen. Sie lässt die Dinge blühen durch die Kraft, die sie ist. Die Liebe kämpft nicht, sie siegt, und er war ihr Sohn.

Er sagte nie, dass er mehr sei als wir. Nein, er sagte, dass wir in der Lage seien, genauso groß zu sein wie er. Dass wir – ja tatsächlich wir! – in der Lage seien, noch größere Dinge zu vollbringen, als er vollbracht hatte. Bis heute fällt mir niemand ein, der das vollbracht hätte. Und ich sehe ihn in dem Moment vor meinem geistigen Auge, wie er mich anlächelt und sagt: »Siehe, die Zeit wird kommen!«

Darüber sollten wir nachdenken. Wir sollten versuchen zu erspüren, wie er wirklich war, und dann seinen Weg gehen, um noch Größeres zu vollbringen. Ganz ohne Aggression, ohne Kampf. Denn so war er nicht. Er war nicht der Kampf. Er war der Sieg!

(Erinnerungen an Jesus … von einem, der dabei war)

Er war der Sieg!

Kaiphas

der Sadduzäer

Eines Tages um die Mittagszeit verwickelte ihn ein Hohepriester im Tempel in ein Gespräch. Die Sonne stand hoch oben im Zenit und tauchte den Tempel in ein überirdisches Gold.

Der Priester sagte: »Setze dich zu mir, Rabbi. Ich hörte von der Geschichte mit den beiden Männern und deinen Worte über sie. Du hast die Gemeinde in zwei Lager gespalten: in diejenigen, die dir folgen und in diejenigen, die dir nach dem Leben trachten.
Du sprichst gegen die alten Schriften, Jeshua, denn Jahwe ist ein zürnender, eifernder Gott, so steht es geschrieben. Er liebt uns als sein auserwähltes Volk, doch er züchtigt uns, wenn wir seine Gesetze missachten! Und du glaubst, dass Gott nicht mit uns zürnt? Dass er uns für unsere Vergehen nicht strafen wird?«

Jesus setzte sich zu dem Priester und die Sonnenstrahlen, die durch die Fenster des Tempels schienen, spielten mit seinem Haar und verliehen seiner Aura ein geheimnisvolles Leuchten, so als ob sie den Worten, die er sprechen würde, einen besonderen Rahmen verleihen wollten.

Er sprach ruhig und bestimmt: »Nein, Gott zürnt nicht, weil Zorn nicht aus der Liebe kommt. Und er bestraft nicht, weil Bestrafung ein verzweifelter Ausweg ist für diejenigen, denen die Argumente ausgehen! Denkst du, Gott gehen die Argumente aus, Priester?«

Der Priester entgegnete: »Nein, Gott ist allmächtig, allwissend, allsehend. Ihm gehen niemals die Argumente aus, aber muss nicht auch ein liebender Vater hin und wieder strafen, weil das Kind nicht tut, was er will?«

Und Jesus sprach: »Denkst du, ein Kind lernt, wenn es tut, was der Vater will? Lernt ein Kind nicht viel mehr, wenn der Vater ihm den Splitter aus dem Fleisch zieht, den es sich in der Werkstatt des Vaters zugezogen hat, weil es nicht auf ihn gehört hat?

Es geschieht immer Gottes Wille, denn Gott will, dass wir uns entscheiden dürfen, auch dafür entscheiden dürfen, Fehler zu machen, um aus ihnen zu lernen. Was für ein Vater wäre das, der uns sagt: ›Wähle aus. Doch wenn du das Falsche wählst, bestrafe ich dich?‹«
Doch der Priester fragte abermals: »Aber muss nicht auch ein liebender Vater hin und wieder seinen Sohn züchtigen, damit er versteht, was gut und was schlecht für ihn ist?«

Und Jesus sprach: »Kaiphas, ihr arbeitet mit der Angst, doch ist die Angst nicht die Gegnerin der Liebe? Die Liebe ist Gewissheit, jedoch die Angst, sie ist voller Zweifel! Zweifelst du an Gott, Kaiphas?«

»Nein!«, rief der Priester, »das wäre Frevel!« – »Siehst du! Wäre es also nicht auch Frevel, Gott zu unterstellen, er würde die Angst gebrauchen, um uns zu unterweisen?

So wie ihr einer Rose nicht zu befehlen braucht, sie möge wachsen, um in ihrer Schönheit Gott zu preisen, so braucht ihr auch einem Menschen nicht zu drohen, er müsse wachsen, um die Schönheit Gottes zu preisen.

Es ist die Erkenntnis, die verändert. Durch die Angst geschieht es nie, dass ein Mensch versteht. Durch Züchtigung verletzt ihr in bis in die Seele. Das erzeugt das Gegenteil von Erkenntnis, dadurch entsteht Verhärtung. Aber nur durch Erkenntnis wird der Mensch verstehen, was gut und was schlecht für ihn ist. Erkenntnis kommt von innen – nie von außen.

Nein, Kaiphas, Gott zürnt nicht! Gott scheint für die Rosen, die er ins Leben beruft, und sie danken ihm mit ihrer Schönheit – einfach so!«

Erkenntnis kommt von innen —
nie von außen.

König aller Könige

König aller Könige

Wenn er auf Menschen blickte, so schaffte er es jedes Mal, meinen eigenen Blick auf sie zu verändern, denn er konnte die Vollkommenheit in ihren Unzulänglichkeiten sehen. Er erkannte die Liebe in ihren Greueltaten, so wie er in jeder Raupe den Schmetterling und in den Knospen einer Akazie den nahenden Frühling sah. Er war der Sommer unserer Zeit, und sein strahlender Blick konnte Seelen retten, so wie die Berührung seiner Hand Kranke heilte.

Er war wie der Baum des Lebens, und seine Zweige rankten bis hoch in die Himmel. Er war wie das Tote Meer, dessen Salz mich trug, wenn meine Arme müde wurden. Er segnete meine Stunden mit seiner Anwesenheit, und im Lichte seines Glanzes wurde mein Leben heller. Meine Seele wünschte sich, der Boden unter seinen Füßen zu sein, auf dass sich der Abdruck seines Wirkens auf ewig in mir wiederfände.
Er war der König aller Könige, und seine Anwesenheit gab einem Bettler das Gefühl, ebenfalls reich zu sein, weil er ihn mit leeren Händen vorfand und mit vollem Herzen wieder verließ. Er machte Könige zu Bettlern, weil er ihnen aufzeigte, dass sie nur reich an Hochmut, jedoch arm an Demut waren. Durch diese Erkenntnis schenkte er den Weisen Demut.

Wenn er sprach, schwieg die Erde, und er herrschte über die Elemente mit einer einzigen Bewegung seiner segnenden Hände. Wie töricht von einem König, zu glauben, er könne sein Haupt vor ihm verneigen … als ob sich der Schöpfer je vor seiner Schöpfung verneigen würde.

Vor ihm, der jedes Bildhauers Hochmut ersterben ließ in Scham vor seinem Anblick! Vor ihm, der die schönsten Worte der Dichter beim Versuch, ihn zu beschreiben, klingen ließ wie heiseres Hundegebell! Vor ihm, vor dem sich der gefallene Engel in den Staub warf, bittend, ihn zu erlösen von seiner schweren Aufgabe vor dem Ende der Zeit! Vor ihm, dessen Flüstern lauter klang als das Gebrüll eines Löwen und dessen Schrei ein Universum gebar! Vor ihm, dessen Name die Hölle erstarren ließ und dessen Worte berauschten wie Wein, gereift in den Fässern seiner geheiligten Seele!

Der Nektar seiner Botschaft war uns kostbar, sodass wir für einen einzigen Schluck, der uns Erkenntnis brachte, unser Leben gegeben hätten.
Er ist größer als alles, was wir uns vorstellen können, und er ist kleiner als alles, was existiert. Er durchbrach die Himmel und drang so tief in die Erde, die uns Leben spendet, dass er sie von jeder Wurzel aus regiert.

Wir können ihn staunend sehen, doch wer er ist, erfassen wir nicht. Er zerreißt die Dunkelheit, und sein Leuchten dringt bis in den letzten Winkel des Universums. Er ist der Sohn jeder Mutter. Er ist der Geliebte im Herzen jeder Frau. Er ist der Freund im Herzen jedes Mannes. Er ist die Wahrheit hinter jeder Wahrheit. Er ist die Antwort hinter jeder Antwort. Er ist das Herz jeder Religion.

Er ist der König der Könige.

Maria Magdalena

Sie war immer bei ihm oder zumindest in seiner Nähe, und er sah sie an wie der Himmel die Abendsonne. Ich kann nicht sagen, wie er zu den Frauen stand. Er war so viel von allem.

Die Frauen liebten ihn, und er hatte viel Respekt für jede von ihnen, dennoch war sie etwas Besonderes. Wenn ihr sanfter Blick sich in seine Seele senkte und ihr Lachen die Luft würzte mit diesem einzigartigen Duft, der Dämonen zähmen und Engel zu Fall bringen konnte, dann fühlte man, dass sich auf der Welt wohl nichts näher war als ihre beiden Herzen.

Sie kam zu ihm wie der Nachtwind, der den Duft von Rosen und Jasmin von den benachbarten Gärten durch das offene Fenster in die Räume seiner Seele trug. Und wenn sie ihm die Füße salbte, mit dieser Hingabe, liebevoll und sanft wie der heilige Fluss Godavari jeden Stein und alle, die in ihm baden, segnet, dann wusste man, dass in jeder Handlung, die ein Mensch mit Liebe tut, der Schlüssel zur Vollkommenheit liegt. Es gibt keine niedere Arbeit, es gibt keine höhere Arbeit, es gibt nur Arbeit, die mit oder die ohne Liebe getan wird.

Und er reichte ihr das Brot und den Wein mit so viel Liebe, wie die Sonne den Weizen liebkost, bis er herangewachsen ist, oder der Bäcker den sauren Teig knetet, damit aus ihm nun das Brot gebacken werden kann. So stehen die Dinge immer in Verbindung.

So ging er mit allen Menschen um, mit den Reichen wie mit den Armen, mit den Söldnern wie mit den Bettlern, sogar mit den Aussätzigen.

Und so lernte ich, dass es nichts Hässliches auf Gottes Erde gibt. Es gibt nur den Blick, mit dem wir die Dinge ansehen, und die Tiefe, die wir besitzen, um die Schönheit darin zu erkennen: in jeder Frau, in jedem Mann und in allem, was ist.

Ich schämte mich für manchen Blick in meinem Leben, und ich betete für ein Herz, das so rein wäre wie das von Maria Magdalena.

Maria Magdalena

Mehr als die anderen

An einem Sonntag kam es in der Hitze der Mittags-
sonne unter den Bewohnern eines Dorfes nahe dem
See Genezareth zu einer heftigen Diskussion. Die aufgebrachte Menge fand ihren Weg zu ihm, um ihm ihre jewei-
ligen Standpunkte zu erläutern und um ihn zu fragen, wer
Recht erhalten solle.

Einige sagten: »Jeshua, in den Schriften steht geschrieben,
wir seien das auserwählte Volk, uns liebe Gott mehr als die
anderen. Wir seien gesegnete und wenn wir in den Krieg
gegen die Saduzäer zögen, werde Gott auf unserer Seite sein
Schwert gegen unsere Feinde ziehen.«

Er blickte sie an und sprach: »Ihr fragt mich nach den alten
Schriften? Bin ich nicht gekommen, einen neuen Weg zu ge-
hen? Bin ich nicht gekommen, das Gesetz zu erneuern? Und
wahrlich, ich sage euch: Jeder Freund ist nur ein Teil einer
Seele in zwei Körpern. Ihr alle seid nur eine Seele in vielen
Körpern, und jeder Körper trägt eine Welt in sich. So wie der
Himmel in der Nacht Millionen von Sternen in sich trägt, so
trägt Gott Millionen von Welten in sich.

Es gibt nichts, was existiert, das nicht in Verbindung mit dem anderen steht, und so sage ich euch: Vor Gottes Auge gehört derjenige zu seinem auserwählten Volk, der erkannt hat, dass sein Nachbar sein Bruder ist, und ein Fremder ein Freund, den er noch nicht kennt.«

Er warf einen Blick in die Runde und in seinen Augen spiegelte sich ein Hauch von jungenhaftem Schalk, als er weitersprach: »Für die andern hat Gott etwas anderes als Geschenk … Zeit!«

Jeder Freund ist nur ein Teil einer Seele in zwei Körpern.

Miriam

Er saß in den Abendstunden gerne allein unter einem Olivenbaum und sah dem Sonnenuntergang entgegen. Fast so, als könnte er auf diese Weise dem Ort, von dem er kam, näher sein.

Eine Frau, ihr Name war Miriam, kam auf ihn zu. Sie schien verzweifelt und war den Tränen nahe. Sie sagte: »Rabbi, mein Herz kann nicht genug lieben! Ich versuche es immer und immer wieder, aber es reicht nicht. Ich habe einen Mann, Reichtum und Ehre, doch bemerke ich in jeder Stunde eine große Leere in mir.

Ich bete jede Nacht, Gott möge mir die Kraft geben, meinen Mann mehr lieben zu können. Wir haben ein Haus und gesunde Kinder, und er ist ein guter Mann. Ich sollte dankbar und glücklich sein, aber ich bin es nicht. Ich undankbare Närrin bin unglücklich. Ich habe die Schätze seiner Güte nicht verdient. Ich liebe ihn nicht so, wie er es verdient. Was kann ich nur tun?«

Er sah sie an und in seinem Blick spiegelte sich sein Mitge-
fühl wider wie das Leuchten des Mondes auf den Wellen des
Sees Genezareth. Dann sagte er mit sanfter Stimme: »Dort,
wo ich herkomme, fließt die Liebe wie ein unendlicher Fluss.
Und das Wasser aus diesem Fluss ist heilig. Der Fluss hat nur
den einen Wunsch: Er möchte jeden Menschen erreichen,
um ihn zu erfrischen, ihn zu reinigen, um ihm den Durst zu
löschen und ihn mit Lebensfreude erfüllen.

Doch du, Miriam, bist wie jeder Mensch ein Gefäß, das nur
so viel in sich aufnehmen kann, wie es zu fassen bereit ist.

Irgendwann wirst du ein Meer sein!«

*Irgendwann wirst du
ein Meer sein!*

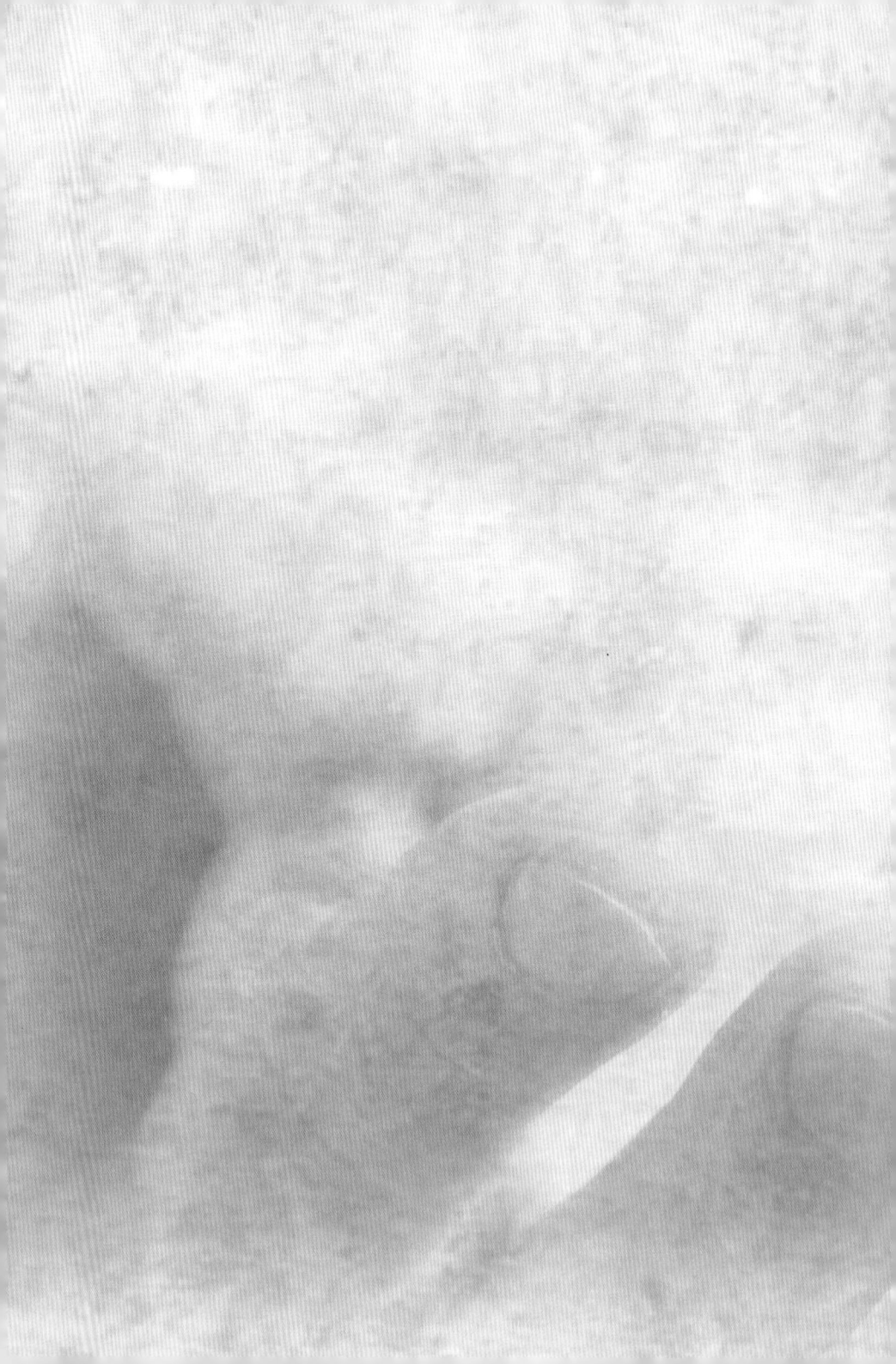

So ist Gott

Durch den Staub der Zeiten sah ich ihn auf mich zukommen. Wie ein Flimmern in der Hitze des Mittags. Wie eine Erinnerung in den Oasen der Zeit. Ich erkannte ihn an seinem Lächeln, das zu einem ganz besonderen Gesichtsausdruck werden konnte, den ich so nie wieder an einem Menschen gesehen habe.

Und das Leuchten seiner Augen, die Klarheit und Kraft darin: Als hätte sich das Universum für die Spanne seines Lebens auf zwei Punkte bündeln lassen.

Er lachte nur und sagte: »Du müsstest einmal in Krishnas Augen sehen! Krishna ist ein Schöngeist, ein Meister der Sinne, der Farben und Formen. Dort, wo ich herkomme, gibt es Schönheit, die kein menschliches Maß je ermessen könnte.«

Und durch die Sanftheit und den liebevollen Respekt, mit dem er das sagte, wurde mir klar, dass die wahren, höheren Dinge eins sind, und dass sie freundschaftlich miteinander existieren – Hand in Hand.

»Ja!«, sagte er, als würde er in meinen Gedanken lesen, »das Herz der Religionen ist eins. Der Mensch verirrt sich im Labyrinth der Ausschließlichkeiten.« Dann zeichnete er mit dem Finger etwas in den Sand, was mich an den Lebensbaum erinnerte, und sagte: »Schau, das sind die Möglichkeiten, den Gottesbegriff zu verstehen. Alle sind Wege, aber ein

Weg ist nur ein Freund, der dich begleitet. Mehr ist er nicht. Es gibt nicht nur einen einzigen, der richtig ist, so wie es nicht einen Stern am Himmel gibt, der richtiger ist als ein anderer.

Die Schöpfung ist verschwenderisch, nicht geizig; vielfältig, nicht einfältig; fantasievoll, nicht begrenzt. Sie möchte sich auf viele Arten und Weisen ausdrücken, deshalb gibt es so viele Sprachen, die wiederum Dialekte haben. Deshalb gibt es so viele Rassen, Farben, Formen und Mischungen.

Die Schöpfung hat Spaß an Vielfalt. Und sie findet sich in Vollendung wieder, wenn der Mensch verstanden hat, alles in Verbindung zu allem zu sehen. Nimm beispielsweise die Musik: Jede Melodie wird aus derselben Quelle gespeist, dennoch gleicht kein Lied dem andern ganz. Es entstehen immer neue Lieder, dennoch sind sie immer anders. So sind auch die Menschen. Melodien aus Gotteshand. Alle sind eins, doch du wirst auf der ganzen Welt keinen anderen finden, der dir in allem gleicht.

So ist Gott.«

So ist Gott.

Tage danach

Tage danach

Ich hörte seinen Ruf, der wie das Rauschen der Blätter im Nachtwind klang, und so stand ich auf und folgte diesem Ruf in meinem Herzen. Ich ging in den Garten, und der Mond tauchte die Landschaft in einen geheimnisvollen, bläulichen Schimmer.

Ich fand ihn unter dem Ölbaum sitzend, und er erwartete mich. Er sah mich an, und ich vernahm zum letzten Mal den Klang seiner sanften, ruhigen Stimme. Und er sprach: »Ich bin gekommen, um Abschied zu nehmen.« Ich traute meinen Augen kaum, und so kniff ich sie immer wieder fest zusammen, um im fahlen Mondlicht etwas besser sehen zu können.

Er war es wirklich. Er stand auf und kam auf mich zu. Ich fragte ihn: »Sie sagten, du seiest tot … Sie haben dich begraben, und es herrscht Trauer unter all jenen, die dich liebten.« Ich sah die Male an seinen Füßen und Händen, und er sprach: »Für die, die mich liebten, werde ich niemals sterben, und für jene, die es nicht taten, habe ich nie gelebt.« Ich fragte ihn: »Bist du ein Geist?«

Er lachte und sprach: »Siehst du durch mich hindurch? Du warst dabei, als ich Lazarus aus dem Totenreich zurückbrachte. Glaubst du, mir könnte der Tod befehligen? Ich habe sie das gelehrt, was sie zu lernen bereit waren. Nun ist meine Zeit gekommen, noch Größeres zu tun. Dennoch, habt keine Angst, denn ich werde auf ewig bei euch sein; in jeder Sekunde, die ihr meiner gedenkt, und in jedem Moment, in dem ihr meiner bedürft, bin ich bei euch in den Psalmen eurer Herzen. Denn meine Liebe ist nicht zerbrechlich und mein Herz nicht bestechlich.

Wer in mir ist, in dem bin auch ich, und wer mich liebt, der wird vom Vater geliebt, so wie ich jeden liebe, der den Vater liebt. So schließt sich der Kreis der Dreiheiligkeit.«

So schließt sich der Kreis der Dreiheiligkeit.

Tanze mit der Sonne

Tanze mit der Sonne

... denn alles ist in dir —
und du bist in allem.

Es geschah an einem Morgen im Sommer. Die tief stehende Sonne tauchte die Landschaft in ein samtenes Licht, und es lag ein Hauch von Erwachen über allem. Ich beobachtete Jeshua, wie er einem Schmetterlingspärchen zusah, das, sich gegenseitig umwerbend, um eine Blüte tanzte. Mit ihren Flügeln malten sie auf der Leinwand dieses Morgens ein Bild perfekter Harmonie.

Ohne seinen Blick von den Schmetterlingen zu heben, bemerkte er mich und sagte: »Komm näher, und betrachte sie mit mir.«
Ich setzte mich zu ihm und fragte: »Sie sind wunderschön, doch was siehst du in ihnen, was sich meinem Blick entzieht?«

Er schaute mich an und sprach: »Sieh die Ordnung in allem. Wenn du deiner Bestimmung folgen willst, dann sei wie sie. Tanze mit der Sonne, fange ihre Strahlen in dir auf, und spiegle sie als Leuchten deines Herzens wider. Nimm deinen Platz ein im ewigen Kreislauf der Energien, denn alles ist in dir – und du bist in allem.«

Venus

Und so schickten sie alle ihre Söhne, um die Erde zu lehren. Mars schickte uns Achill, der mit seiner unbezwingbaren Stärke den Menschen seiner Zeit ein Manifest für Überlegenheit wurde. Dann sandte er uns Alexander, dessen Klugheit, Mut und Kühnheit den Menschen ein Sinnbild für die Herrscher der Stämme wurde.

Jupiter, der Mächtige, sandte uns Platon, Aristoteles und Pythagoras und – für die Menschen der neuen Zeit – Goethe, damit wir erkennen können, zu welchen Idealen, intellektuellen Spielen und Gesetzestexten der Geist in der Lage ist.

Zoroaster kam von Uranus, um dem persischen Geist sein Leben einzuhauchen, alle hinterließen sie ihre Fußabdrücke in der Zeit.

Venus sandte uns Krishna und sein Pantheon der Liebe, und sie sandte uns Siddharta, den Weisen, dessen großes Herz alles dafür tat, dem Leid dieser Welt ein Ende zu bereiten.

Saturn sandte uns den Gott Jahwe, um den monotheistischen Glauben zu manifestieren im Volke Davids.

Alsbald machte sich auch die Sonne bereit, ihren Sohn zu uns zu senden. Seine Worte waren reines Gold, und sein Strahlen war ohnegleichen. Seine Güte war beispielhaft, und seine Liebe war grenzenlos.

Vom Erwachen des ersten Tages bis zum letzten Atemzug der Zeit werden sie auf ewig seinen Namen preisen …

… Jesus Christus.

Jesus Christus

Welches Gesetz?

Welches Gesetz?

Und eine Gruppe Priester bahnte sich den Weg durch die Menge. Als sie ihn erreichten, riefen sie ihn an: »Rabbi, wir haben gehört, du predigst, jeder solle seinen Nächsten lieben wie sich selbst und dass wir milde sein sollen mit jenen, die Verbotenes tun.

Wir aber sind das Volk Mose und halten uns an die Gesetze Gottes. Hier haben wir einen Mann, der bei einem Mann lag, so wie man bei einer Frau liegt. Die alten Schriften sagen, dass Gott dies hasse! Die beiden haben ein Greuel verübt und müssen getötet werden, ihr Blut ist auf ihnen.«

Da stellte sich Jesus in ihre Mitte, blickte jeden von ihnen nacheinander an und sprach: »Ich maße mir nicht an zu sagen, wer euch diese Gesetze gegeben hat, aber ich kann hören, wenn die Liebe spricht, und ich höre, wenn die Liebe schweigt. Und ich sage euch: Mein Vater tötet keines seiner Kinder, weil es missraten ist; und würde er das wollen, würden sie in dem Moment in sich zusammensinken und ihr Leben aushauchen, in dem sie einen Frevel begehen. Da dieser Mann aber noch am Leben ist, welches Recht, glaubt ihr, habt ihr wohl, euch an Gottes Schöpfung zu vergehen?

Hat er nicht uns alle geschaffen? Sind wir nicht alle seine Kinder – mit all unseren Eigenheiten? Besteht der heilige Bund nicht darin, füreinander da zu sein? Wahrlich, ich sage euch: Das Gesetz Gottes wirkt auf ganz andere Weise, und jeder von euch, der glaubt, er könne über den anderen richten, der wird es am eigenen Leib zu spüren bekommen, durch sich selbst.

Ihr aber sollt nicht töten!«

Ihr aber sollt nicht töten!

Wie kann man

Wie kann man ihn schauen?

ihn schauen?

Sie fragten ihn: »Wie aber kann man Gott schauen, Herr?«

Und er sprach zu ihnen: »Die Liebenden sehen ihn in allen Dingen. Für die, die nicht lieben, hat er keine Form. Denn die Liebenden sehen durch die Augen Gottes, und ihre Liebe spricht die Dinge aller Mängel frei.«

»Aber wie kann man ihn verstehen, Herr? Wie kann man Gottes Größe und Herrlichkeit erfassen?«

Und Jesus sprach: »Indem ihr es nicht versucht! Das, was ihn euch verstehen lässt, ist größer als der menschliche Geist.«

»Wir wollen ihm folgen, Herr, was können wir tun?«

Jesus sprach: »Versucht nicht, ihm nachzueifern, denn Gottes Werke sind so reich an Vielfalt und so groß an Einzigartigkeit, dass es jede menschliche Vorstellungskraft übersteigt. Doch er hat für jeden Menschen einen eigenen Weg vorgesehen, und wenn ihr ihn geht, so gleicht ihr Gott aufs Haar.«

Und sie fragten abermals: »Wie können wir unsere Gebete besser sprechen und unsere Herzen heiligen, um Gott gefälliger zu sein?«

Und Jesus antwortete: »Gottgefälliger als jedes fromme Gebet ist der Kuss, den ihr voller Liebe und Sanftheit eurem Nächsten schenkt.«

Und sie riefen aus: »Jesus, wir wollen Gott zu Ehren Tempel und Paläste errichten!«

Jesus malte ein Zeichen in den Sand und sprach: »Könnte je ein Maler die Schönheit eines Sonnenuntergangs in all seinen Farben wirklich widerspiegeln?

Der schönste Palast, den ihr errichten könnt, ist der, den ihr aus Sand mit euren Kindern baut. Denn Gott braucht keine Kulissen, keine Opfergaben, kein Blendwerk. Lernt, in die Herzen zu schauen. Dort werdet ihr ihn finden, und dort werdet ihr erkennen, dass seine Herrlichkeit so groß ist, dass alle Paläste dieser Welt und alle Schätze darin zusammen nicht einen Funken seiner Schönheit erreichen würden.

Was ihr also tun könnt, das tut eurem Nächsten, und dann tut ihr es Gott. Denn nicht im Außen sollt ihr suchen, sondern im Innen. In den Augen eures Nachbarn, in der Hilflosigkeit eurer Alten, in den Bedürftigkeiten eurer Armen und in der Unselbstständigkeit eures Viehs, in der Bedachtsamkeit, mit der ihr eure Speisen bereitet, und in der Nachsicht, mit der ihr die Fehler eurer Kinder bedenkt.

Dort werdet ihr Gott schauen.«

Dort werdet ihr Gott schauen.

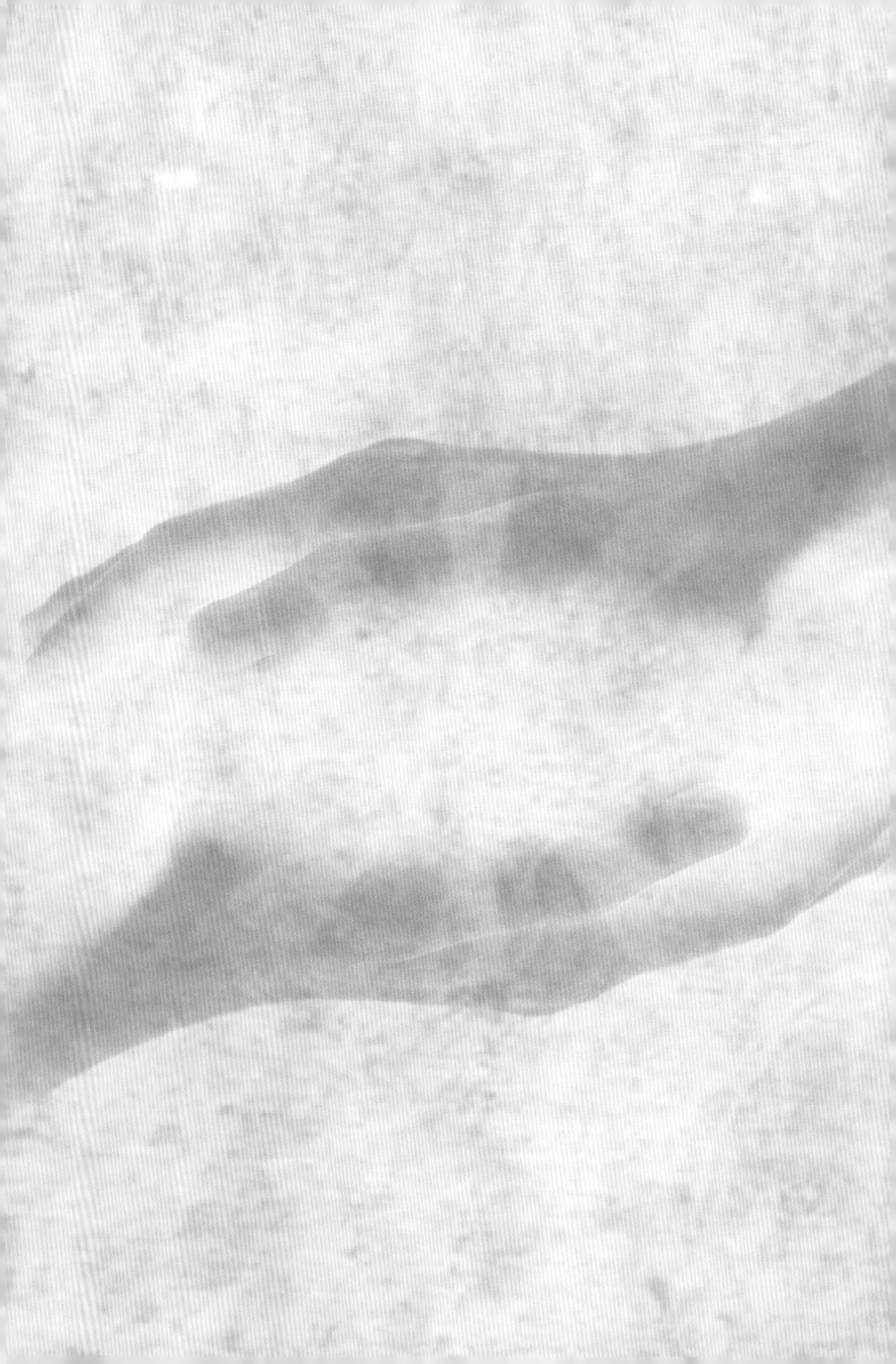

Über das Heilen

Sie saßen eines Abends zusammen beim Essen, als einer der Jünger fragte: »Jeshua, wie hast du das heute Mittag gemacht? Wie konntest du diese Aussätzige in Sekunden heilen?«

Er blickte sanftmütig in die Runde und sprach: »Sie hat sich selbst geheilt. Ihr Glaube hat sie geheilt.« Der Jünger entgegnete: »Ja, aber wenn sie es selbst hätte tun können, wäre sie doch gar nicht erst krank geworden, und sie hätten nicht nach dir rufen müssen, um die Frau zu heilen.« Er erwiderte: »Alles, was sie brauchte, war die Hoffnung, dass es wahr werden kann, dass ich die Macht habe sie zu heilen.

Wenn ihr euren Geist rein haltet, so vermag die kosmische Intelligenz durch euch zu wirken, wie die Sonne durch den Weizen wirkt, den sie wachsen lässt. Die Erde hat keine Zweifel daran, dass dies geschehen wird, und somit kann es geschehen und die Ernte wird reichlich sein. Der Mensch jedoch in seiner Entwicklung ist ein Zweifler. Er versucht, mit seinem Verstand zu ergründen und mit seinen Händen zu verstehen, anstatt mit seinen Händen zu ergründen und mit dem Geist zu verstehen. Die Geheimnisse des Universums mit dem Verstand verstehen zu wollen, gleicht einem Krug, der den Ozean in sich aufzunehmen versucht. Es braucht dazu mehr als den bloßen Verstand.

Ihr alle sollt Heiler sein, denn es ist für euch vorgesehen. Natürlich gibt es unter euch welche, die schneller und geschickter sein mögen als andere, und jene werden sich als besondere Heiler hervortun. Aber das ändert nichts daran, dass ein jeder von euch in der Lage ist, sich und andere zu heilen, wenn er glauben kann. Der Glaube ist der geheime Schlüssel zum Universum. Er ist eine Kraft, die schneller ist als jede Vernunft und wirksamer als alle Heilpflanzen. Er ist reine Energie. Je reiner euer Gefäß ist, umso reiner ist die Kraft, die durch euch wirkt. Deshalb arbeitet jeden Tag daran, den Glauben zu stärken und ihn groß werden zu lassen. Nehmt euch Zeit, geht in die Wüste oder sucht euch am See einen stillen Platz, an dem ihr ungestört seid, um dieser Kraft entgegenzuwachsen.

So wie die Blumen und die Gräser sich der Sonne zuwenden, so sollt ihr euch dem Glauben zuwenden. Denn alle anderen Werkzeuge sind wirkungslos gegen ihn. Ihr habt gesehen, was heute Mittag geschehen ist. Ich habe die Frau nicht berührt, ich musste ihr weder einen Trunk zubereiten noch sie dazu bringen, diesen qualvoll auszuschwitzen, oder ihr gar die Geschwülste aus dem Fleisch schneiden. Das war alles, was diesen Heilern an Werkzeug an die Hand gegeben wurde, weil sie keinen Glauben haben. Selbst jetzt noch sitzen sie beisammen und behaupten, es müsse mit dunkeln Mächten zugegangen sein, weil sie eine solche Tat mit ihrem Verstand nicht nachvollziehen können.

Deshalb sage ich euch: Hütet euch vor der Überheblichkeit des Verstandes. Er verleitet euch zu Hochmut und bringt euch in Gefahr, den Kontakt zu den höheren Welten zu verlieren. Prüft mit scharfem Verstand, doch wisset immer, dass es eine Kraft gibt, die diesen übersteigt und der ihr Vertrauen könnt. Dann werdet ihr heilen, so wie ich diese Frau heute geheilt habe. Nun aber sorget euch nicht länger wegen dieser Dinge. Lasst uns unser Mahl genießen und dem Schöpfer danken, dass er in der Lage ist, solche Wunder zu vollbringen.« Er deutete auf das frisch gebackene Brot, das der Wirt soeben hereingebrachte hatte, teilte es unter ihnen auf und segnete diesen Tag.

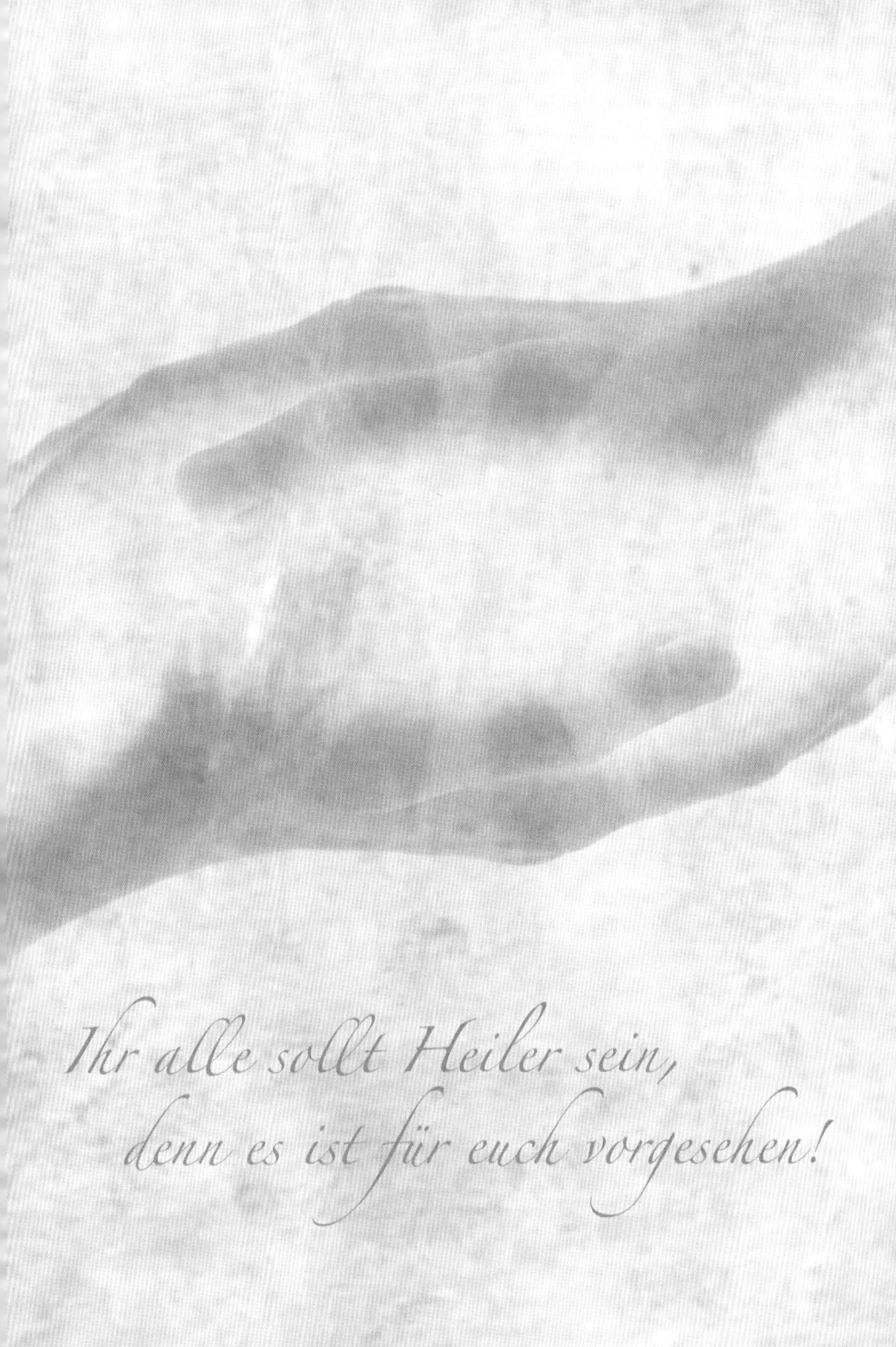

*Ihr alle sollt Heiler sein,
denn es ist für euch vorgesehen!*

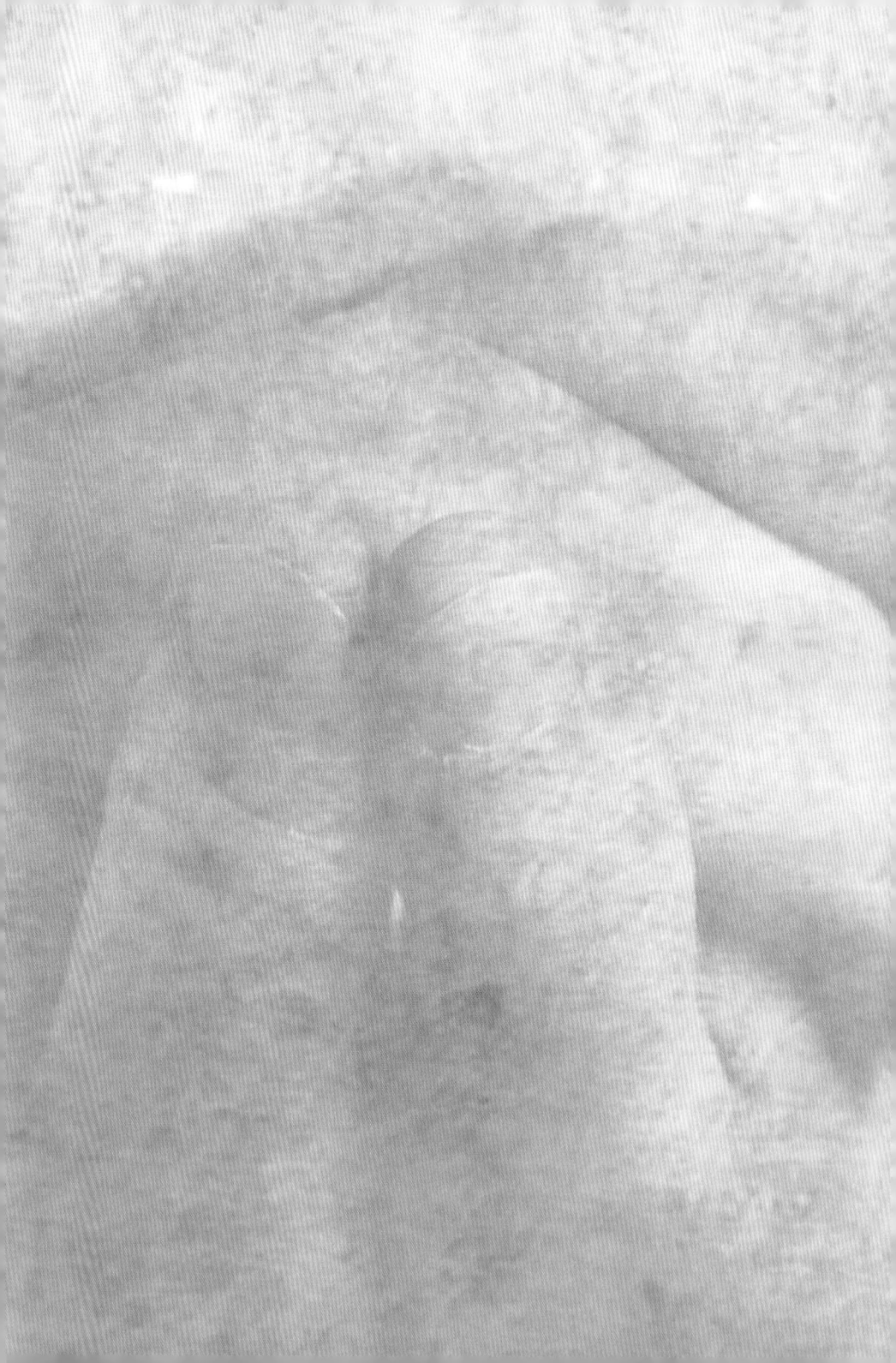

Über die Kraft
der Dankbarkeit

Über die Kraft
der Dankbarkeit

Und sie baten ihn: »Sprich zu uns über die Kraft der Dankbarkeit.« Und er setzte sich zu ihnen in den Sand und sprach: »Dankbarkeit ist eine bescheidene und doch leuchtende Kraft. Sie wird oft erst entdeckt, wenn einem etwas Grundlegendes genommen wird. Dann jedoch leuchtet sie umso heller. Sie wird oft überschattet von den alltäglichen Dingen. So versäumt es nicht, euren Blick zu schärfen für die Geschenke, die das Universum euch zu geben bereit ist, wenn ihr dankbar sein könnt. Denn nichts ist selbstverständlich in diesem Leben. Nicht, dass ihr hören könnt, fühlen könnt, schmecken könnt. Nicht, dass ihr zu essen habt, nicht, dass ihr gesund seid, nicht, dass ihr in der Lage seid, euch ein Lager zu bereiten, weder dass ihr geliebt werdet noch dass ihr lieben könnt. Jeder Tag schenkt euch Tausend mal Tausend Möglichkeiten, Dankbarkeit zu zeigen, und der Himmel freut sich darüber, wenn ihr ihm Dankbarkeit erweist, so wie ihr euch freut, wenn einer eure guten Taten dankbar annimmt.

Es braucht nicht mehr, keine ausschweifenden Feste, keine goldenen Kuppeln oder prunkvollen Bauten – nur diesen kleinen Moment, den nur der Vater allein in eurem Herzen erkennt. Damit ist alles getan, und die geistige Welt empfängt den Impuls der Liebe auf mannigfaltige Weise, bis in den letzten Winkel des Universums. Denkt nicht, dass Danke sagen – und es auch meinen –, je seine Wirkung verfehlt. Es ist die Manifestation der Liebe auf Erden. Es ist wie frisches Wasser auf die Blumen des Lebens. Es ist die Wertschätzung an den Schöpfer der Dinge. Lasst es nie so weit kommen, dass man euch etwas nehmen muss, damit ihr erkennen könnt, was ihr habt. Jede Geste, die ihr aus Dankbarkeit erbringt, erbringt ihr mir. Jedes Lächeln, dass ihr schenkt, jede Hand die ihr reicht, und jede Träne, die ihr aus Dankbarkeit vergießt, wird euch reichen Segen bringen.

Denn eine der anmutigsten Gaben, die der Mensch schenken kann, ist der Dank. Der Dank geht immer über den Gebenden, den Empfangenden und die Gabe an sich hinaus. So soll die Dankbarkeit euch zum täglichen Gebet werden, denn seid gewiss: Dieses Gebet wird immer erhört.

Ihr solltet auch Dankbarkeit verspüren für die Dinge, die euch prüfen, für die Dinge die euch oft schmerzlich beibringen, welchen Weg ihr noch zu gehen habt. Segnet sie in Dankbarkeit. Denn diese wandelt jede Tat von einem Fluch in einen Segen und kann euch so euren persönlichen Lebensschatz anreichern, bis die Truhen zum Bersten gefüllt sind.

Dankbarkeit ist der Kuss auf die Stirn Gottes.«

Dankbarkeit ist der Kuss auf die Stirn Gottes.

Thomas

Jahre später, als er schon lange gegangen war, schwebte über allem noch sein Geist. Wie ein Flimmern, wie ein Nebel, der sich über alles legte, was existierte, und ich konnte ihn in den Blumen am Wegesrand, in den Seen und Bergen des Libanon wiederfinden. Ich begann, meinen Weg zu gehen, und überall, wo ich hinkam, konnte ich seine Anwesenheit spüren. Es war, als hätte er sich wie ein schützender Schild um die gesamte Erde gelegt.

Ich entdeckte auf meinem Weg ferne Länder, in denen wir zu seinen Lebzeiten nie gewesen waren, und jetzt, im hohen Alter von 86 Jahren, sitze ich hier an diesem heiligen Fluss, in diesem heiligen Land und kann ihn spüren. Ich spüre, wie jede Faser, jeder Stein von ihm durchdrungen ist. Ich weiß nicht, ob er je hier war, doch ich weiß, dass er nun hier ist, und ich bin froh, es erleben zu dürfen:
Erleben zu dürfen, wie die Sonne sich geöffnet hat, um ihren Sohn zu gebären, wie sich die Kraft ihrer Strahlen in einem Menschen gebündelt hat; zusehen zu dürfen, wie die Taten eines Menschen Zeugnis ablegten über die Existenz des Göttlichen.

Es werden Philosophen kommen, ihn zu widerlegen, sie werden brüllen wie die Löwen und ihn missverstehen, sie werden wie Aasgeier versuchen, die Kraft seiner Worte zu zerfleischen und in ihr Gegenteil zu verkehren, um daraus die Ketten für die Menschheit zu schmieden.

Er sagte einmal zu mir: »Thomas, versuche nicht, die Liebe zu verstehen, denn die Liebe denkt nicht. Auf der Ebene des Geistes wirst du sie nicht finden. Wer über die Liebe nachdenkt, liebt nicht … er denkt nach.«

Schmunzelnd sprach er weiter: »Wer versucht, die Liebe mit dem Geiste zu ergründen, der ist wie ein göttlicher Regentropfen, der ins Meer der Liebe fällt und sich sofort in ihm verliert. Denn so, wie du keinen Wassertropfen im Ozean wiederfinden kannst, so kannst du keine Seele in der Liebe wiederfinden, denn sie geht ganz in ihr auf. Das ist das, was der Verstand nie begreifen und worüber das Herz niemals nachdenken wird.«

So sehe ich ihn heute in allem, denn ich sah alles in ihm. Er ist der Wind in den Zweigen, er ist der Sonnenstrahl, der mich weckt, er ist die Spiegelung des Mondes in den Seen. Aber vor allem ist er in den Häusern der Menschen, denn dort leuchtete das Licht seiner Liebe.

So sehe ich ihn heute in allem, denn ich sah alles in ihm.

Bildnachweis

von Fotolia: S. 6: 581157 | S. 20+25: 10039351 | S. 26: 2767892 | S. 31+33: 8027005 | S. 34: 8679349 | S. 38+40: 16045256 | S. 46+48: 577240 | S. 50–52: 4192423 | S. 54+57: 2603684 | S. 58+60: 129702 | S. 63+67: 963258 | S. 68+73: 11986794 | S. 74+76: 7902400 | S. 78+83: 2913439 | S. 84+89: 16952117 | S. 90: 5742792 | S. 94+97: 10769769 | S. 98+101: 3302490 | S. 102: 8338009 | S. 106: 5394579 | S. 110+113: 10397743 | S. 114+116: 5366666 | S. 118: 10970569 | S. 122+125: 27679908 | S. 126: 3303308 | S. 130+135: 12514829 | S. 136: 10916364 | S. 140: 8991164

von Panthermedia: S. 42+44: 02750719

von Stockxpert: S. 1–144: 6483721

vom Schirner Verlag: S. 2+14+19

Weitere Titel von Ralph Valenteano im Schirner Verlag erschienen:

Hörbuch »Erinnerungen an Jesus«
ISBN 978-3-8434-8144-1 • Preis: € 17,95

Auf diesem Hörbuch finden sich 14 vom Autor selbst gelesene Erzählungen seines Buches »Erinnerungen an Jesus«. Zusätzlich werden die Stimmungen der Texte von dem erfahrenen Musiker in atmosphärischen Kompositionen zugänglich gemacht.

Hörbuch »Es strebe zu meiner Seele Liebe …«
ISBN 978-3-8434-8154-0 • Preis: € 17,95

Auf diesem Hörbuch finden sich 12 vom Autor selbst geschriebene und gelesene Meditationen zu den Monatstugenden Rudolf Steiners – zu Ehren dessen 150sten Geburtstags. Zusätzlich heben atmosphärische Kompositionen die Stimmungen der Texte hervor.

Wandkalender »Weisheiten der Stille 2012«
ISBN 978-3-8434-9908-8 • Preis: € ca. 12,90

Monatskalender mit friedvollen Bildern und Aphorismen des Autors, die dem Betrachter Kraft zufließen lassen und ihm helfen, eine positive und glückliche innere Gestimmtheit zu erlangen.
Spiralbindung. Format DIN A4 quer. 13 Blätter.